Impressum
Verlag: BABADADA GmbH, Nedderfeld 112 , 22529 Hamburg
Geschäftsführer / Verlagsleitung: Harald Hof
Druck: Books on Demand GmbH, In de Tarpen 42, 22848 Norderstedt

Imprint
Publisher: BABADADA GmbH, Nedderfeld 112 , 22529 Hamburg, Germany
Managing Director / Publishing direction: Harald Hof
Print: Books on Demand GmbH, In de Tarpen 42, 22848 Norderstedt

duɗal

學校

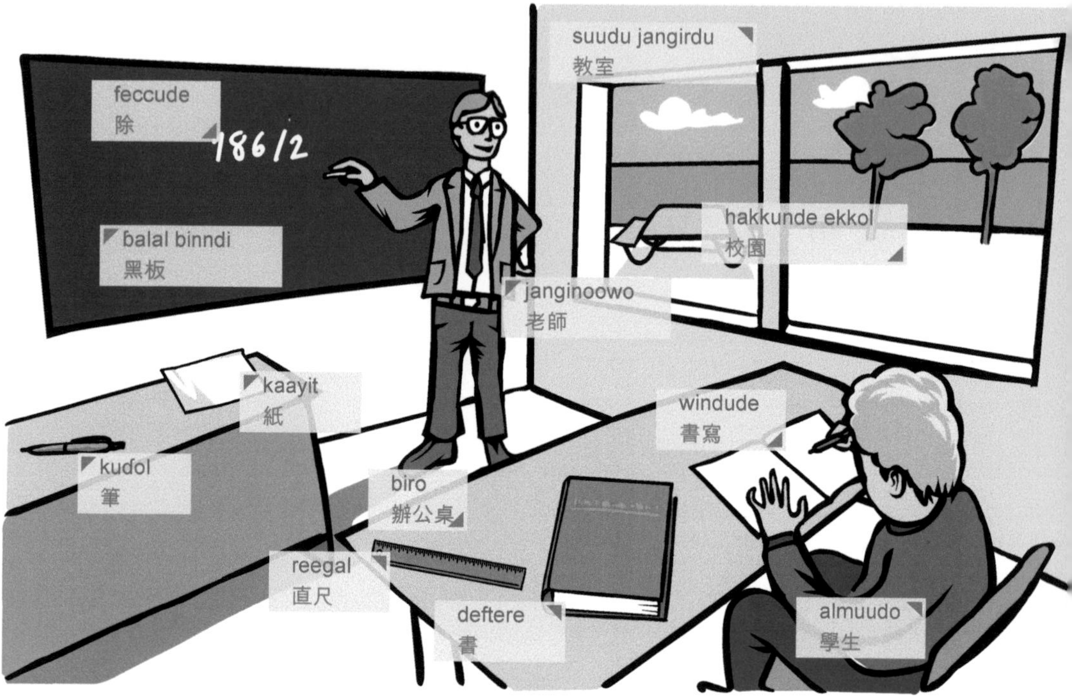
suudu jangirdu
教室
feccude
除
186/2
hakkunde ekkol
校園
ɓalal binndi
黑板
janginoowo
老師
kaayit
紙
windude
書寫
kuɗol
筆
biro
辦公桌
reegal
直尺
deftere
書
almuudo
學生

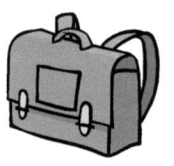

kartaabal

書包

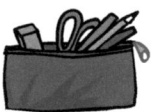

moftirdo kereyonji

鉛筆盒

kereyo

鉛筆

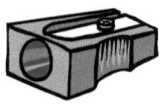

ceeɓnirgel kereyon

削鉛筆機

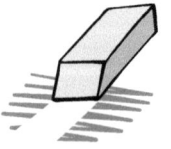

momtirgel

橡皮擦

alluwal ciifirgal

畫板

ciifgol

圖畫

limsere pentirteeɗo

畫筆

suwo pentirɗo

顏料盒

sisooji

剪刀

ɗakkorgal

膠水

deftere ekkorgal

練習冊

golle janŋde

家庭作業

niimara

數字

ɓeydude

加

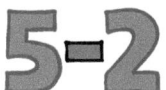

ustude

減

ɓeydude keeweendi

乘

qimaade

計算

ɓataake

字母

karfeeje

字母表

kongol

字

bindol

課文

jangude

讀

bindirgal

粉筆

darsu

上課

winditaade

登記

egsame

考試

sartifika

證書

comcol duɗal

校服

janŋde

教育

ansikolopedi

百科全書

duɗal jaaɓi haɗtirde

大學

mikoroskop

顯微鏡

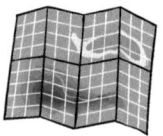

kartal

地圖

suwo kurjut

廢紙簍

ɗannagol
旅行

otel
飯店
Grand
obers
青年旅社
ROOMS
EXCHANGE
nokku beccugol e neldugol
外幣兌換處
waxannde
手提箱
oto
汽車

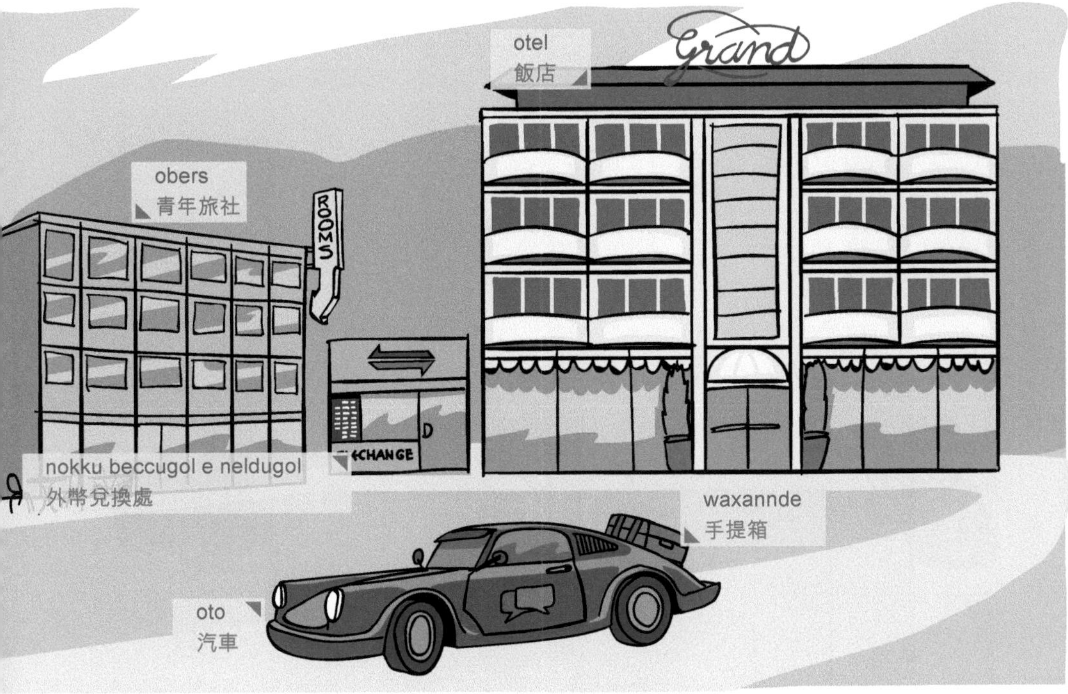

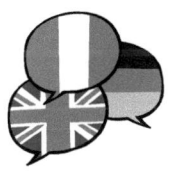

ɗemngal

語言

Eey / ala

是/否

Moyÿi

好的

mbaɗɗa

您好

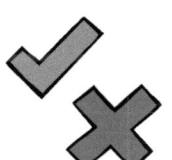

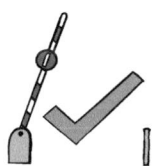

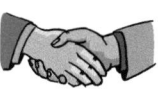

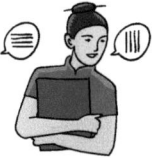

pirtoowo

翻譯人員

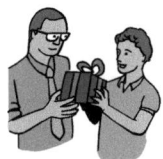

A jaraama

謝謝

no foti...?

......多少錢？

Mi faamaani

我不明白

hanmi

問題

Jam hiri!

晚上好！

Jam waali!

早上好！

Mbaalen e jam!

晚安！

ñande woɗnde

再見

laawol

方向

bagaas

行李

saawdu

包

saawdu wambateendu

背包

koɗo

客人

suudu

房間

njegenaaw

睡袋

caalel ladde

帳篷

kabaruuji tuurist

旅行資訊

tufnde

海灘

kartal banke

信用卡

kacitaari

早餐

bottaari

午餐

hiraande

晚餐

biye

票

suutde

電梯

tampon

郵票

keerol

邊界

duwaan

海關

ambasad

大使館

wiisa

簽證

paaspoor

護照

taraspoor
交通運送

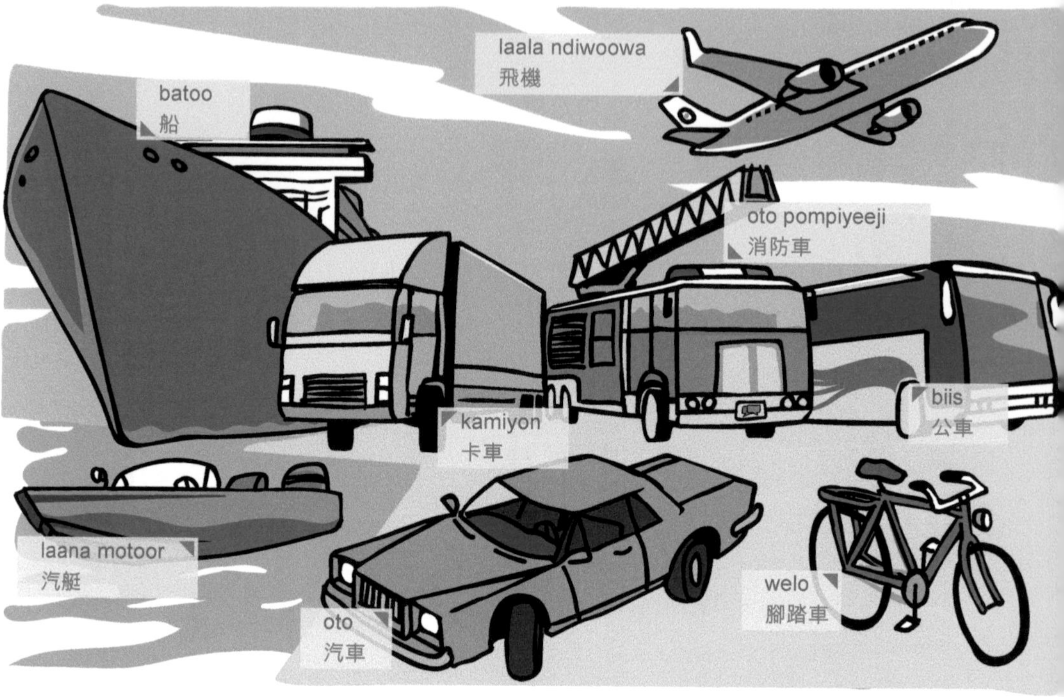

laala ndiwoowa
飛機
batoo
船
oto pompiyeeji
消防車
kamiyon
卡車
biis
公車
laana motoor
汽艇
welo
腳踏車
oto
汽車

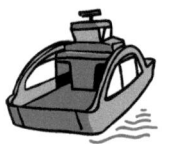

batoo
渡輪

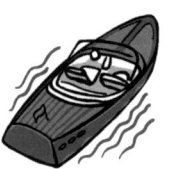

laana
小船

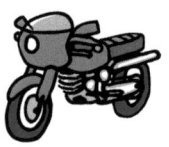

welo
機車

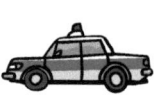

oto polis
警車

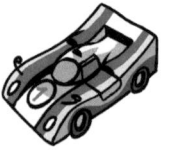

oto dogirteeɗo
賽車

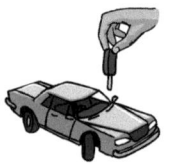

oto luwateeɗo
租車

dendugol oto

拼車

oto dandoowo goɗɗo

拖車

oto kurjut

垃圾車

motoor

馬達

karbiran

汽油

nokku esaans

加油站

tintinooje yaangarta

交通標識

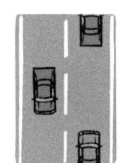

yaa ngarta

交通

jiiɓo yaa ngarta

交通堵塞

dingiral otooji

停車場

dingiral laana leydi

火車站

laaɓi

軌道

laana leydi

火車

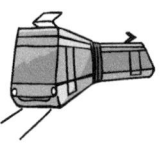

laana ndegoowa

路面電車

saret

客車廂

elikopteer

直升機

ayrepoor

機場

tuur

塔

wonbe e laana

乘客

konteneer

集裝箱

karton

紙板箱

duñirgel kaake

手推車

basket

籃子

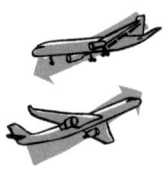

diwde / juuraade

起飛/降落

wuro mowngu

城市

wuro

村莊

hakkunde wuru wowngo

市中心

galle

房子

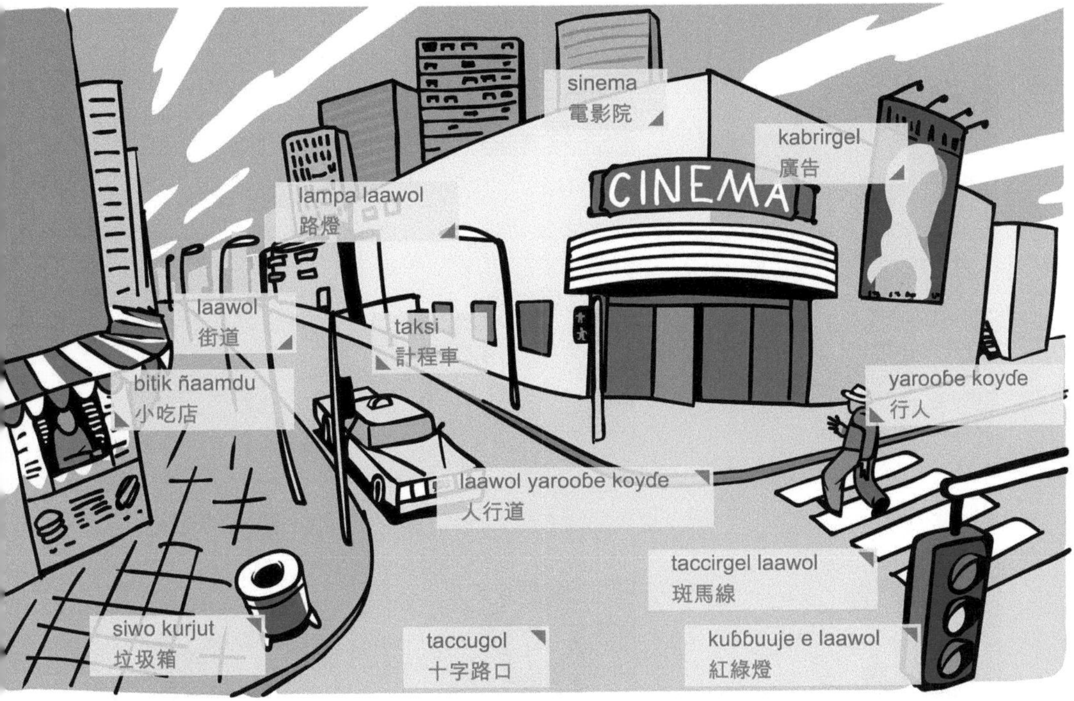

sinema
電影院
CINEMA
kabrirgel
廣告
lampa laawol
路燈
laawol
街道
taksi
計程車
bitik ñaamdu
小吃店
yarooɓe koyɗe
行人
laawol yarooɓe koyɗe
人行道
taccirgel laawol
斑馬線
siwo kurjut
垃圾箱
taccugol
十字路口
kuɓɓuuje e laawol
紅綠燈

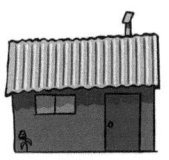

tiba

小屋

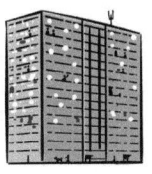

ko foti

公寓

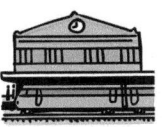

dingiral laana leydi

火車站

meeri

市政廳

MUSEUM

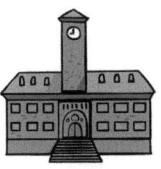

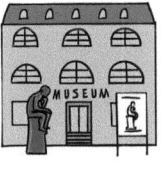

miise

博物館

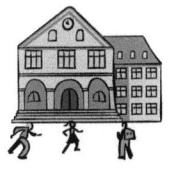

duɗal

學校

duɗal jaaɓi haɗtirde

大學

banke

銀行

suudu safirdu

醫院

otel

飯店

farmasi

藥房

gollirgal

辦公室

suudu defte

書店

bitik

商店

jeyoowo fuloraaji

花店

sipermarse

超市

jeere

市場

madase mawɗo

百貨商店

jeyoowo liɗɗi

魚店

nokku coodateeɗo

購物中心

poor

海港

park

公園

jooɗorgal

長凳

taccirgal

橋

ŋabbirɗe

樓梯

laawol metero

捷運

laawul les leydi

隧道

fongo biis

公車站

baar

酒吧

restora

餐館

buwaat postaal

郵筒

lewñowel laawol

路標

to otooji ndaroto

停車計時器

nokku kullon

動物園

pisin

游泳池

jama

清真寺

ngesa

農場

gakkingol hendu

污染

bammule

墓地

egiliis

教堂

dingiral

操場

tampl

寺廟

yiyande taariinde
地形

baramlefol
樹葉

tugayal tintinirgal
指示牌

laawol
路

Huɗo sukkuko
草地

haayre
石頭

lekki
樹

ŋayloowo
徒步旅行者

maayo
河

huɗo
草

fuloor
花

nokku kaañe mawɗe to
ndiyam dogata

峽谷

waande

丘陵

weedu

湖

ladde

森林

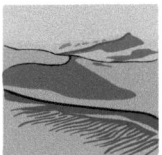

ladde yoornde

沙漠

wolkan

火山

satoo

城堡

timtimol

彩虹

sampiñon

蘑菇

leki palm

棕櫚樹

ɓowngu

蚊子

diwde

蒼蠅

njabala

螞蟻

mbuubu ñaak

蜜蜂

njabala

蜘蛛

hoowoyre keppoore

甲蟲

faabru

青蛙

doomburu ladde

松鼠

sammunde

刺蝟

fowru

野兔

pubbuɓal

貓頭鷹

colel

鳥

kakeleewal ladde

天鵝

mbabba tugal

野豬

lella

鹿

Nagge nde galladî cate

麋鹿

baraas

水壩

masiŋel battowel hendu jeynge

風力發電機

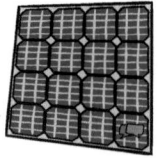

Lowowel nguleeki

太陽能電池板

kilima

氣候

restora
餐館

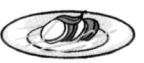

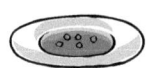

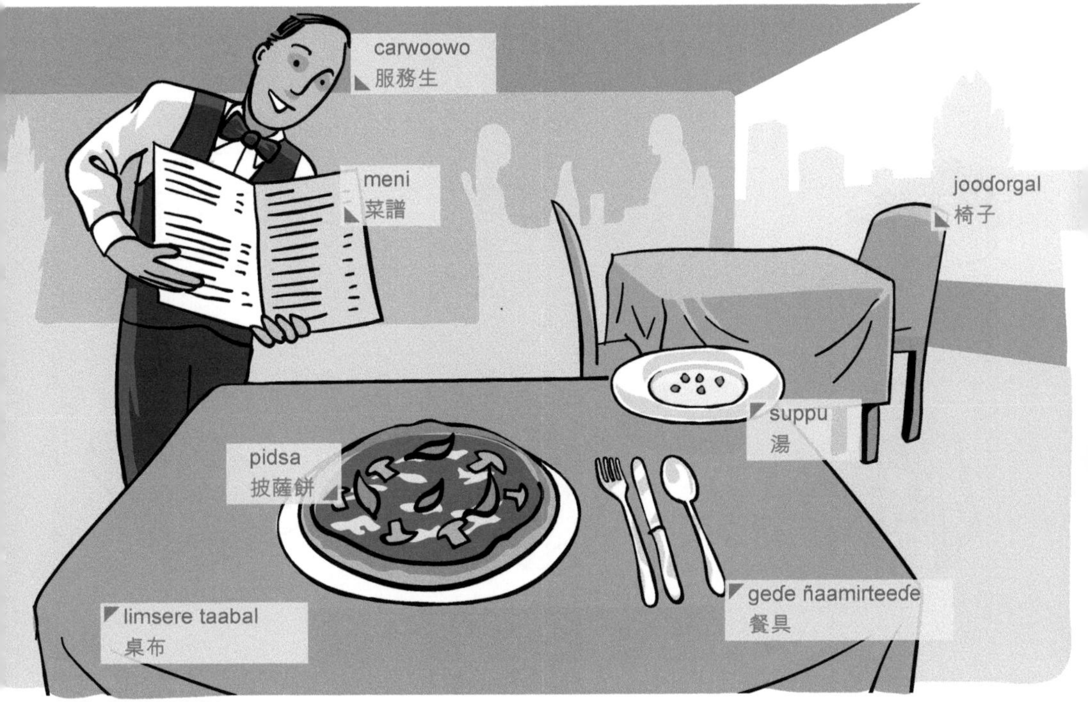
carwoowo
服務生
meni
菜譜
joodorgal
椅子
suppu
湯
pidsa
披薩餅
limsere taabal
桌布
geɗe ñaamirteeɗe
餐具

tongitirgel

前菜

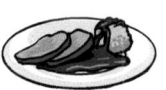

ñaamdu nguraandi

主菜

tuftorogol

甜點

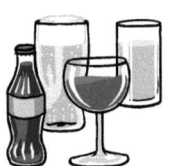

njaram

飲料

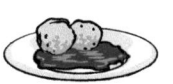

ñaamdu

食物

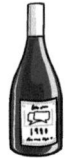

butel

瓶子

fast fud

速食

ñaamdu laawol

街邊小吃

baraade

茶壺

cupayel suukara

糖盒

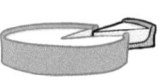

geɗel

一份飯菜

Masinŋ kafe

義式咖啡機

jooɗorgal toowngal

高腳椅

biye

帳單

ñorgo

托盤

paaka

刀

furset

餐叉

kuddu

勺子

nokkere kuddu

茶匙

sarbet

餐巾

weer

玻璃杯

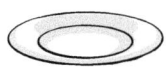

palaat

碟子

palaat suppu

湯盤

cupayel

碟子

soos

醬

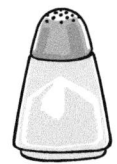

pot lamɗam

鹽瓶

moññirgal poobar

胡椒研磨罐

bineegara

醋

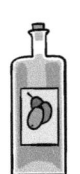

nebam

食用油

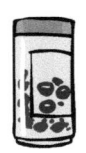

kaaɗnooje

調味料

ketsap

番茄醬

muttard

芥末

mayonees

美乃滋

sipermarse
超市

ngustugul coggu
特價
FOR
kiliyaan
顧客
kosameeje
乳製品
ɓikkon leɗɗe
水果
daasirgel
購物車

BUTCHERS

jeyoowo teew nagge

肉鋪

BAKERY

juɗoowo mburu

麵包店

ɓetde

稱重

lijim

蔬菜

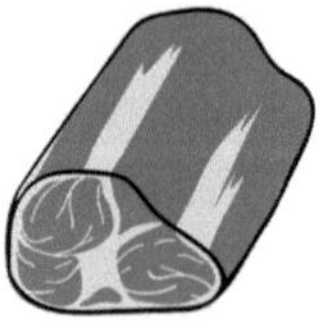
teew

肉

ñaamdu ɓumnaandu

冷凍食品

teew moftaaɗo

冷盤

ñaamdu nder buwat

罐頭食品

condi lawyĩrteendu

洗衣粉

bonboonji

甜食

geɗe ngurdaaɗe

日用品

porodiwiiji laaɓnirni

清潔用品

julaaajo

銷售員

haa

收銀機

kestotooɗo

收銀員

limto coodateeɗi

購物清單

waktuuji golle

開放時間

kalbe

錢包

kartal banke

信用卡

saak

袋子

saak dalli

塑膠袋

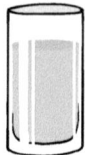

ndiyam

水

njaram

果汁

kosam

牛奶

yulmere

可樂

sangara

紅酒

sangara

啤酒

sangara

酒

kakao

可可

ataaya

茶

kafe

咖啡

kafe jon jooni

義式濃縮咖啡

kafe italinaabe

卡布奇諾

banaana

香蕉

pom

蘋果

oraas

柳丁

dende

西瓜

limonŋ

檸檬

karot

胡蘿蔔

laay

大蒜

lekki bambu

竹子

basalle

洋蔥

sampiñon

蘑菇

gerte

堅果

espageti

麵條

espageti

義大利麵

maaro

米飯

salaat

沙拉

firit

薯條

faatat cahaaɗo

炸馬鈴薯

pidsa

披薩餅

amburgeer

漢堡

sandiwis

三明治

buhal baddangal e lijim

炸豬排

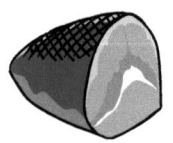

buhal teew

火腿

kaane biyeteeɗo sosison

義大利臘腸

sosis

香腸

gertogal

雞肉

defaɗum

烤肉

liingu

魚

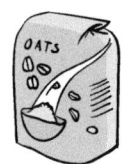

ndefu gabbe kuwakeer

燕麥片

njilɓundi aɓuwaan e gabbe goɗɗe

木斯里

kornfelek

玉米片

farin

麵粉

kurwasa

牛角麵包

pe o le

麵包捲

mburu

麵包

mburu juɗaaɗo

吐司

mbiskit

餅乾

nebam boor

奶油

kosam kaaɗɗam

凝乳

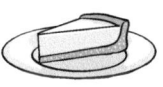

gato

蛋糕

boccoonde

蛋

moccoonde fasnaande

煎蛋

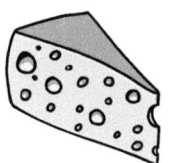

foromaas

起司

kerem galaas

冰淇淋

suukara

糖

njuumri

蜂蜜

teew nagge

果醬

nirkugol sokkola

巧克力醬

suppu kaane

咖哩

ngesa
農場

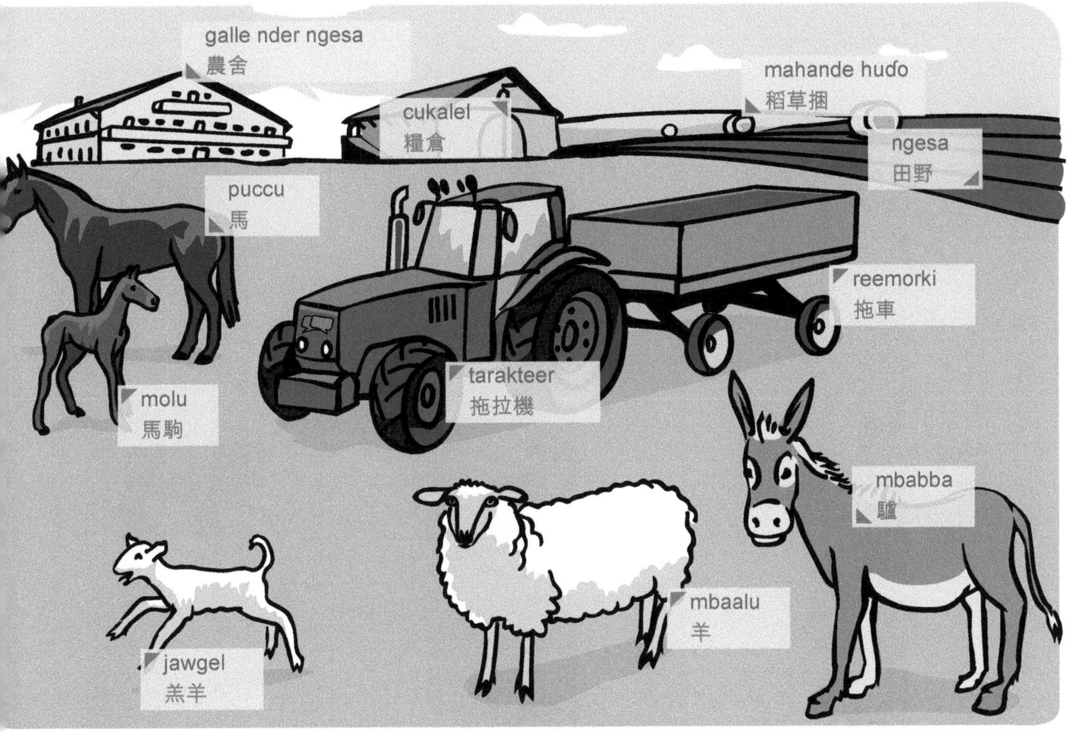
galle nder ngesa
農舍
cukalel
糧倉
mahande huɗo
稻草捆
ngesa
田野
puccu
馬
reemorki
拖車
tarakteer
拖拉機
molu
馬駒
mbabba
驢
mbaalu
羊
jawgel
羔羊

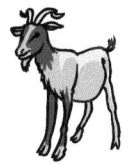

ndamdi

山羊

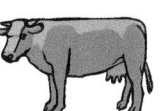

nagge

奶牛

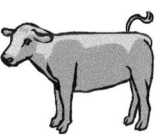

mbeewa

小牛

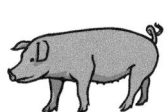

mbabba tugal

豬

ɓingel mbabba tugal

小豬

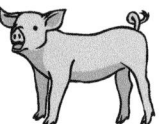

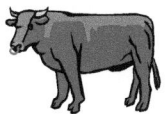

ngaari ladde

公牛

jarlal ladde

鵝

gerlal

鴨

cofel

小雞

jarlal

母雞

ngori

公雞

doomburu

鼠

ullundu

貓

doomburu

老鼠

nagge

牛

rawaandu

狗

nokku dawaaɗi

狗屋

tiwo sardin

花園澆水軟管

doosirgal

澆水壺

wofdu mawndu

長柄大鐮刀

masinŋ demoowo

犁

wofdu

鐮刀

coppirgal

鋤頭

rato

長柄草耙

hakkunde

斧頭

buruwet

獨輪手推車

mbalka

飼料槽

kosam buwat

牛奶罐

saak

麻布袋

kalasal galle

柵欄

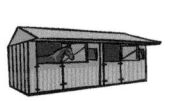

nokku pucci

馬廄

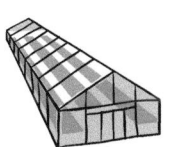

inexistant

溫室

leydi

土壤

abbere

種子

nguurtinooje leydi

肥料

masinŋ coñirteeɗo

聯合收割機

soñde

收割

soñde

收割

ñambi

地瓜

bele

小麥

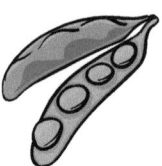

soja

大豆

faatat

土豆

maka

玉米

abbere lekki kolsa

油菜籽

lekki firwiiji

果樹

ñambi

樹薯

sereyaal

穀物

galle
房子

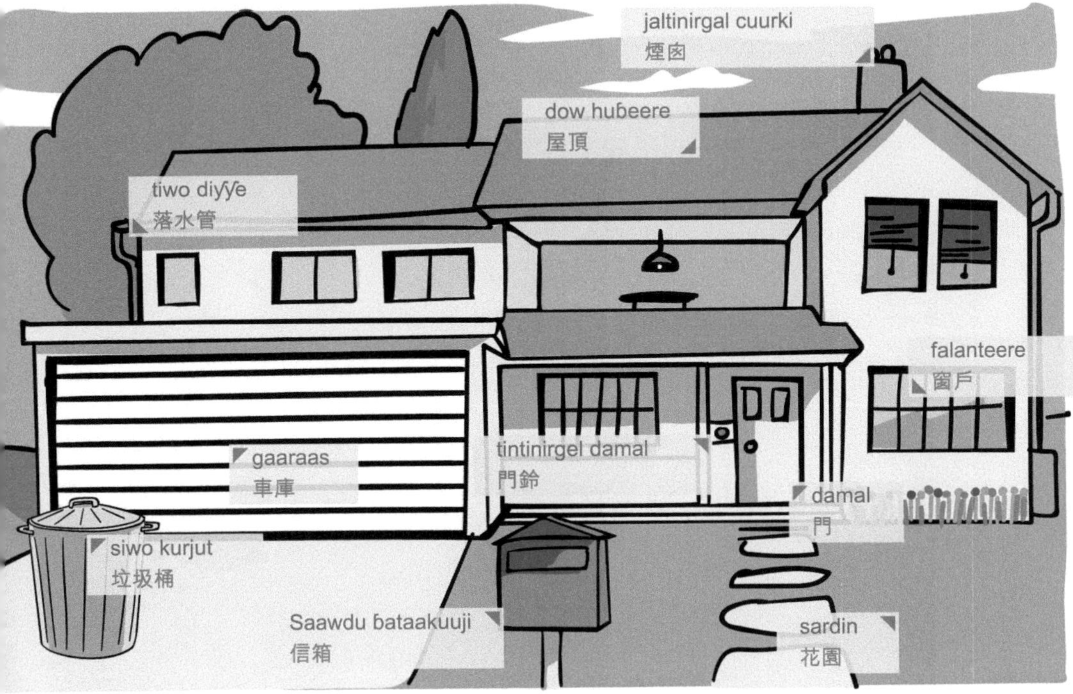

jaltinirgal cuurki
煙囪
dow huɓeere
屋頂
tiwo diyƴe
落水管
falanteere
窗戶
gaaraas
車庫
tintinirgel damal
門鈴
damal
門
siwo kurjut
垃圾桶
Saawdu ɓataakuuji
信箱
sardin
花園

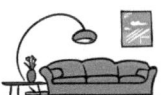

suudu yeewtere

客廳

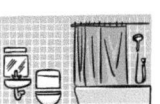

tarodde

浴室

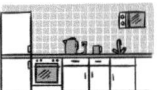

waañ

廚房

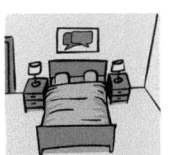

suudu waalduru

臥室

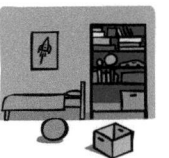

suudu sakaaɓe

兒童房

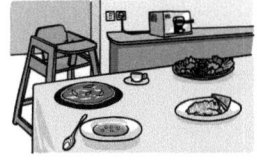

suudu hiraande

餐廳

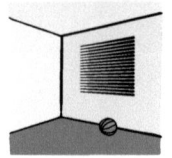

karawal

地板

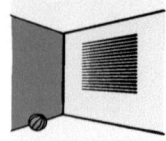

balal

牆壁

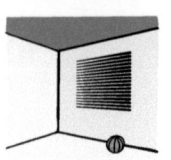

asamaan suudu

天花板

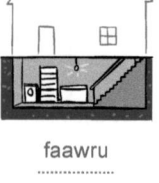

faawru

地窖

soona e ɗemngal farase

三溫暖

balko

陽臺

teeraas

露臺

pisin

游泳池

keefoowo huɗo

割草機

darap

被單

darap

床罩

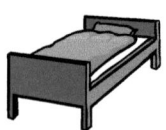

leeso

床

pittirgal

掃帚

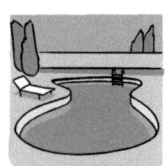

suwo

水桶

ñifirgel

開關

suudu yeewtere

客廳

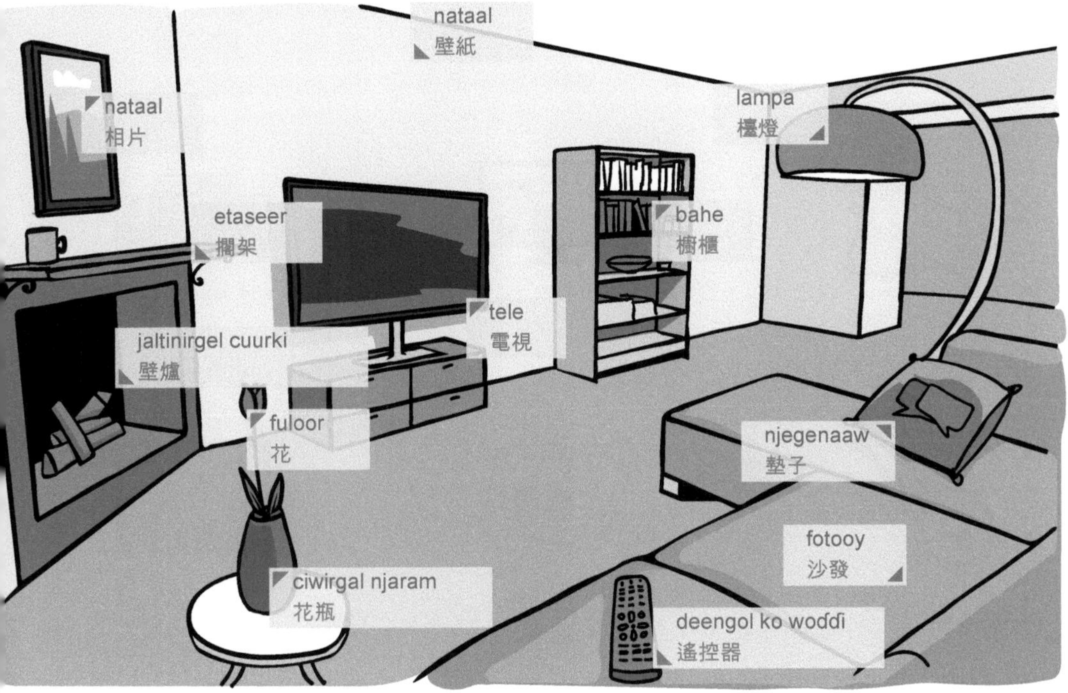

nataal
壁紙
nataal
相片
lampa
檯燈
etaseer
擱架
bahe
櫥櫃
tele
電視
jaltinirgel cuurki
壁爐
fuloor
花
njegenaaw
墊子
fotooy
沙發
ciwirgal njaram
花瓶
deengol ko woɗɗi
遙控器

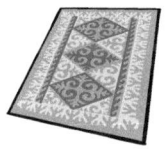

tappi

地毯

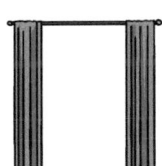

rido

窗簾

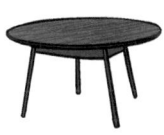

taabal

餐桌

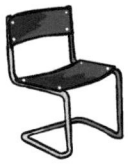

jooɗorgal

椅子

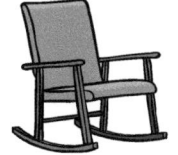

jooɗorgal timmungal

搖椅

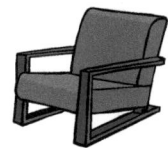

jooɗorgal tuggateengal

扶手椅

deftere

書

cuddirgal

毯子

jooɗnugol

裝飾品

leɗɗe kuɓɓateeɗe

木柴

filmo

電影

materiyel hi-fi

高傳真音響

coktirgal

鑰匙

kaayit kabaruuji

報紙

pentirgol

油畫

posteer

海報

rajo

收音機

teskorgel

筆記本

ɓoɗowel pusiyeer

吸塵器

kaktis

仙人掌

sondel

蠟燭

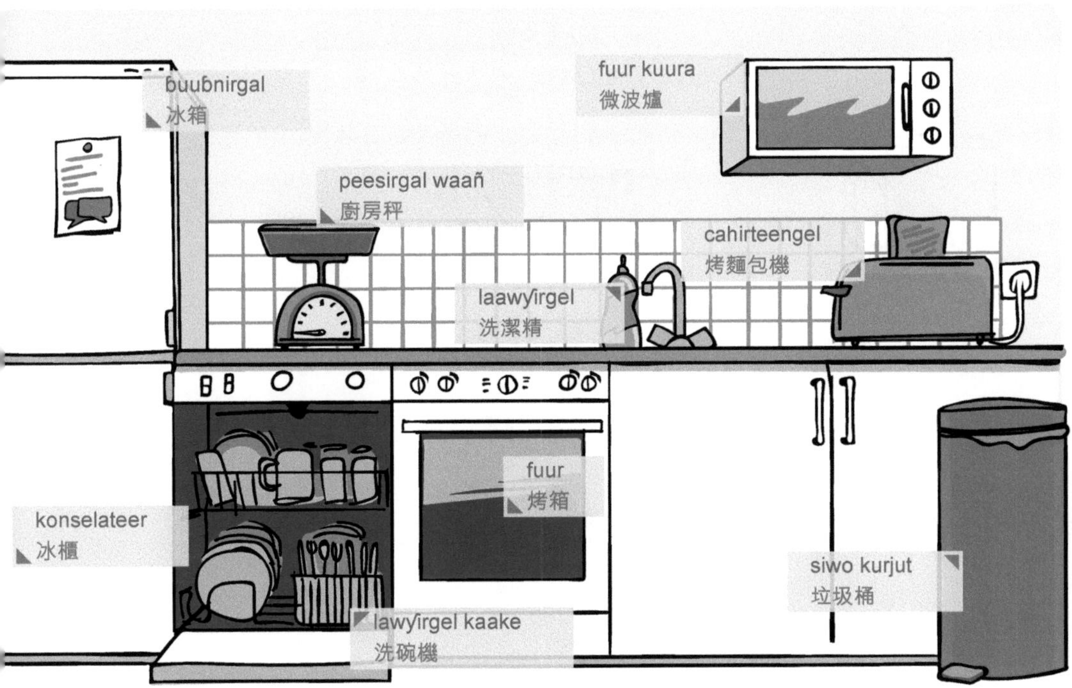

buubnirgal
冰箱

fuur kuura
微波爐

peesirgal waañ
廚房秤

cahirteengel
烤麵包機

laawyirgel
洗潔精

konselateer
冰櫃

fuur
烤箱

siwo kurjut
垃圾桶

lawyirgel kaake
洗碗機

fuurno

炊具

pot

鍋

barme

鑄鐵鍋

kasorol

炒鍋

kasorol

平底鍋

satalla

水壺

suppere defirteende

蒸鍋

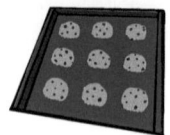

pool defirteeɗo

烤盤

lawyũgol kaake

陶瓷鍋

pot jarduɗo

馬克杯

suppeere

碗

ñibirgon ñaamdu

筷子

kuddu luus

長柄勺

kayit ɗakirteeɗo

鏟子

iirtude

攪拌器

ceɗirgel

濾網

tame

篩子

keefirgel

磨碎機

moññirgal

研缽

juɗgol

燒烤

jeyngol e henndu

明火

coppirgal

菜板

degnirgel ñaamdu
feewnateendu

擀麵杖

udditirgel butel

開瓶器

buwaat

罐子

udditirgel buwat

開罐器

nangirgel pot

隔熱手套

siimtude

水槽

boros

刷子

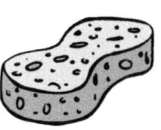

eppoos

海綿

jiibirgel

攪拌機

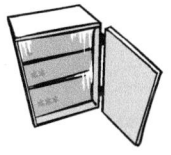

battowel galaas

冷藏箱

jardugel tiggu

奶瓶

robine

水龍頭

tarodde

浴室

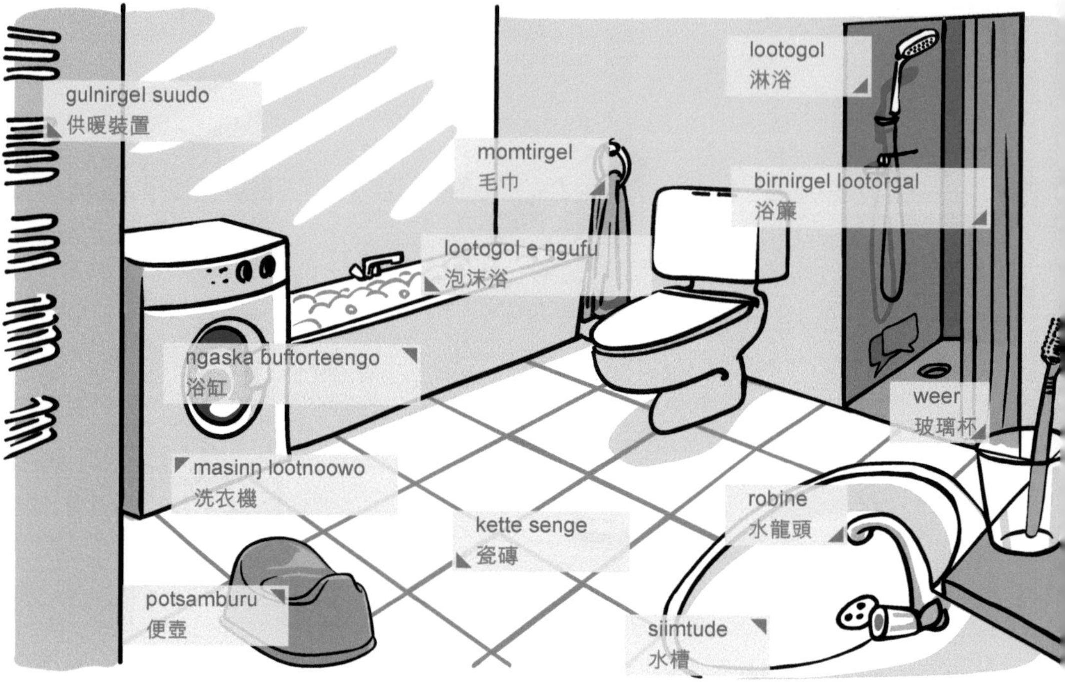

gulnirgel suudo
供暖裝置
lootogol
淋浴
momtirgel
毛巾
birnirgel lootorgal
浴簾
lootogol e ngufu
泡沫浴
ngaska buftorteengo
浴缸
weer
玻璃杯
masinŋ lootnoowo
洗衣機
robine
水龍頭
kette senge
瓷磚
potsamburu
便壺
siimtude
水槽

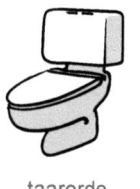

taarorde

廁所

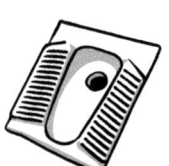

joɗorgal kuwirteengal

蹲便器

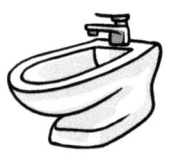

biisirgel ndiyam

坐浴器

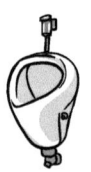

taarodde

小便斗

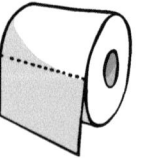

kaayit momtirɗo

廁紙

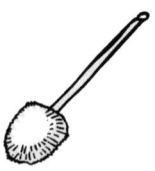

boros taarorde

馬桶刷

coccorgal ýiiye

牙刷

sabunde ýiiye

牙膏

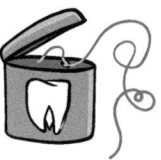

gaarowol ñiire

牙線

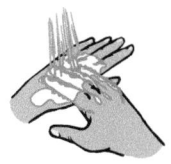

lawýude

洗

ɓoggol lootirteengol

手持式蓮蓬頭

ɓuftogol

沖洗器

loowirteengel

洗臉盆

demirgel huɗo

洗背刷

sabunnde

肥皂

saabunde ɓuftorteende

沐浴露

sampoye

洗髮乳

limsere wiro

法蘭絨

ciiygol

排水

kerem

乳霜

uurnirgel

除臭劑

tarodde - 浴室

daandorgal

鏡子

daandorgal pamoral

手鏡

pembirgel

刮鬍刀

ngufu pembol

刮鬍泡沫

moomiteengel pembol

鬍後水

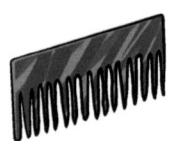

yeesoode

梳子

boros

刷子

joornirgel sukunndu

吹風機

peewnirgel sukunndu

噴髮定型劑

makiyaas

化妝品

joodirgel toni

唇膏

momtirgel cegeneeji

指甲油

garowol wiro

化妝棉

siso cegeneeji

指甲剪

parfon

香水

40   **tarodde － 浴室**

waxande lootorgal

洗漱包

kuudi

凳子

peesirgal

計重秤

wutte cuftorteeɗo

浴袍

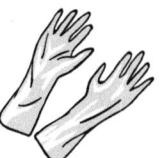

gaŋuuji dalli

橡膠手套

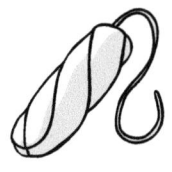

momtirer ƴiiƴam ella

衛生棉條

kuus tiggu

衛生棉

lootogol simik

化學廁所

suudu sakaaɓe

兒童房

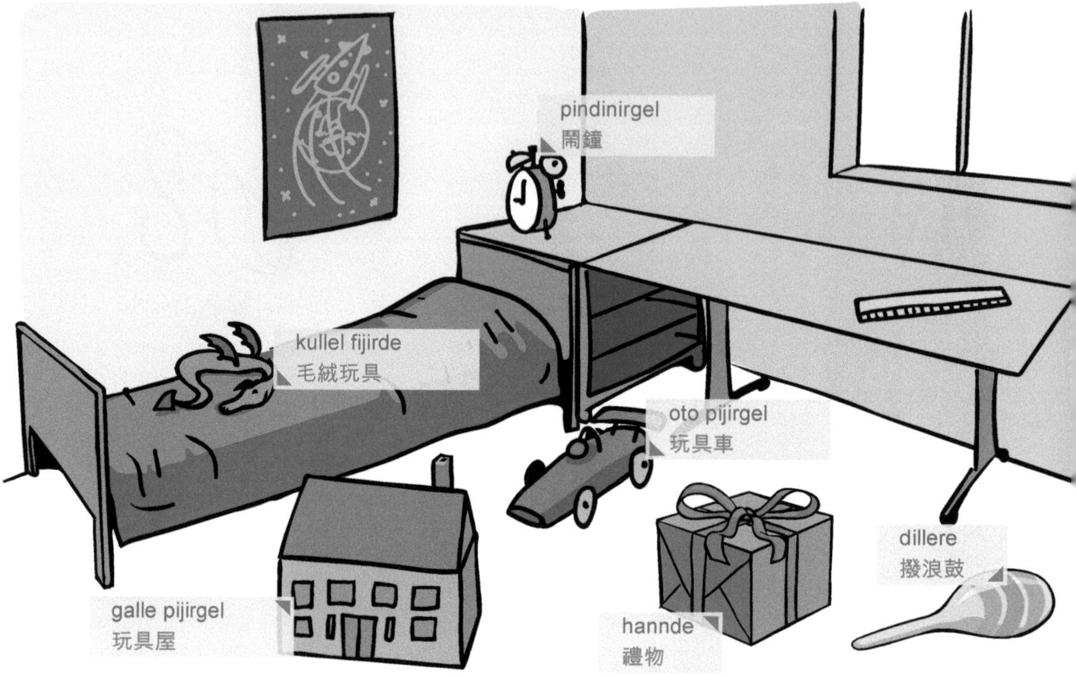

pindinirgel
鬧鐘
kullel fijirde
毛絨玩具
oto pijirgel
玩具車
dillere
撥浪鼓
galle pijirgel
玩具屋
hannde
禮物

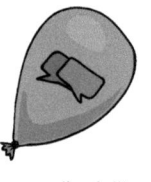

sumalle dalli

氣球

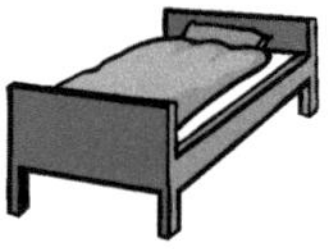

leeso

床

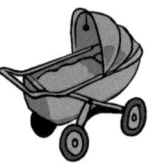

duñirgel tiggu

嬰兒車

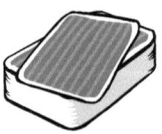

nokkere karte

撲克牌

fijirde lombondirgol

拼圖

SUPER
MEGA

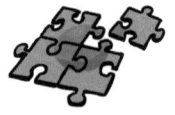

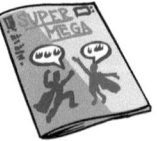

njalniika

漫畫

pijirgel tuufeeje

樂高積木

tuufeeje

積木玩具

pijirgel

公仔

comcol tiggu

嬰兒服

palaat diwwoow

飛盤

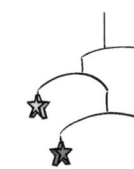

noddirgel

床鈴玩具

pijirgel

棋盤遊戲

dee

骰子

ñemtinirgel laana ndegoowa

火車模型

neɗɗo fuuunti

安撫奶嘴

fijirde

派對

deftere nate

繪本

bal

球

puppe

洋娃娃

fijde

玩

mbalka ceenal

沙坑

beeltirgal

鞦韆

pijirgel

玩具

pijiteengel see widewo

電玩遊戲

welo biifi tati

三輪車

pijirgel kullel urs

泰迪熊

armuwaar

衣櫃

comcol

衣服

kawase

襪子

kawase

長襪

tuubayon bittukon

緊身褲

musuuro
圍巾

paraseewal
雨傘

tiset
T恤

dadorde
皮帶

paɗe toowɗe
靴子

paɗe suudu
拖鞋

paɗe bokkateeɗe
運動鞋

paɗe diwa
涼鞋

paɗe
鞋

paɗɗe toowɗe lirotooɗe
雨靴

cakkirɗi
內褲

sucengors
胸罩

silet
背心

banndu

身體

tuuba

褲子

jiin

牛仔褲

robbo

短裙

buluson

女式襯衫

simis

襯衫

piliweer

套頭衫

weste nebbu

連帽上衣

layset

西裝夾克

jaget

夾克

weste juuɗɗo

外套

wutte tobo

雨衣

kostim

套裝

robbo

連衣裙

robbo yange

婚紗

weste

西裝

wutte baalduɗo

睡袍

pijama

睡衣

sari

莎麗

muusooro

頭巾

kaala

包頭巾

kaala

波卡

sabndoor

卡夫坦

abbaay

(阿拉伯式)長袍

comcol lumbirogol

泳衣

cakkirɗi

男式泳褲

kilot

短褲

joogin

運動服

limsere deffowo

圍裙

gaŋuuji

手套

ɓoɗɗirgel

鈕扣

lone

眼鏡

jawo

手鏈

cakka

項鍊

feggere

戒指

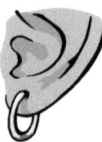

hootonde

耳環

laafa

便帽

liggirgal weste

衣架

laafa

帽子

karawat

領帶

zip

拉鍊

laafa ndeenka

安全帽

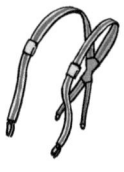

ganŋ

背帶

comcol duɗal

校服

iniform

制服

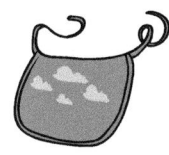

sarbetel daande

圍兜

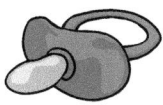

neɗɗo fuuunti

安撫奶嘴

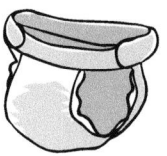

kuus

尿布

gollirgal

辦公室

serveer
伺服器
baxane doodiyeeji
檔案櫃
jaltinirgel kaayit
印表機
kaayit
紙
ekaran
螢幕
biro
辦公桌
suuri
滑鼠
caawiirgel doosiyeeji
資料夾
tappirde
鍵盤
suwo kurjut
廢紙簍
ordinateer
電腦
jooɗorgal
椅子

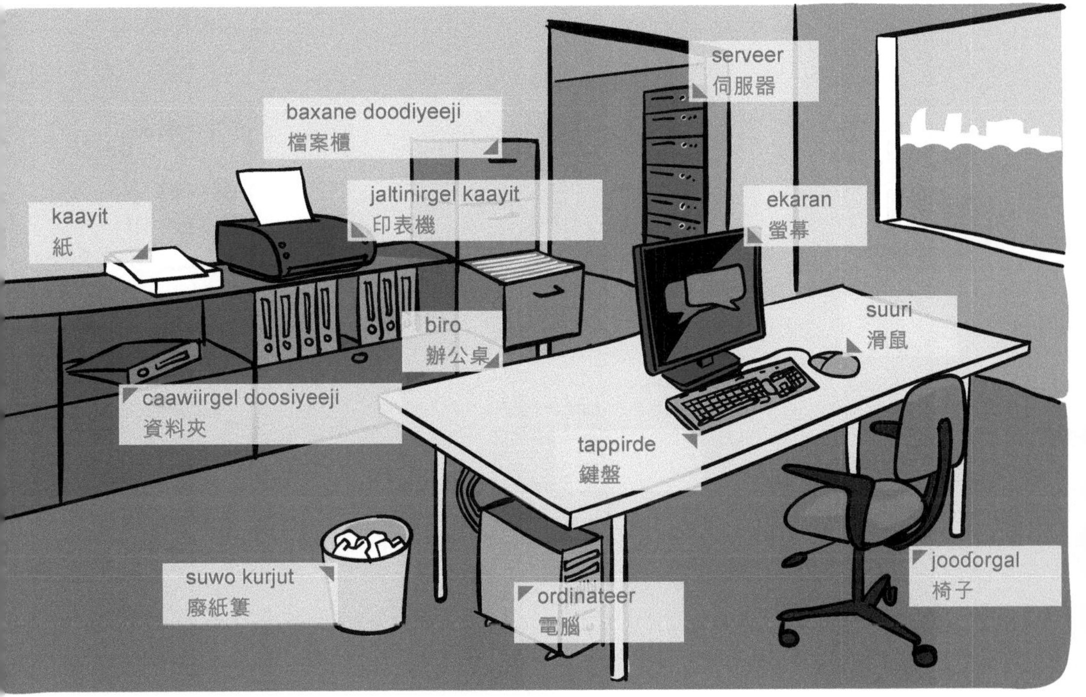

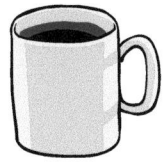

kuppu kafe

咖啡杯

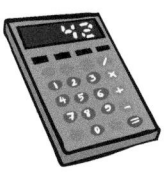

qiimorgal

計算機

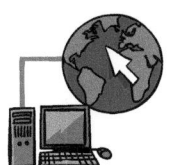

enternet

網際網路

ordinateer beelnateeɗo

筆記型電腦

ɓataake

信件

ɓataake

簡訊

noddirgel

行動電話

reso

網路

cottitirgel

影印機

losisiyel

軟體

noddirgel

電話

ceŋirgel ɓoggol kuura

插座

masinŋ faks

傳真機

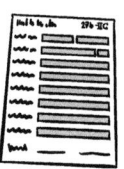

mbaadi

表格

dokiman

檔案

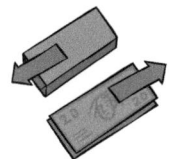

soodde

買

soodde

付錢

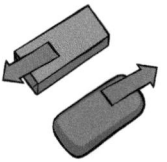

yeyde

交易

kaalis

現金

dolaar

美元

eroo

歐元

yen

日元

ruubal

盧布

faran Siwis

瑞士法郎

yuwaan renminbi

人民幣

rupii

盧比

masinŋ keestorɗo kaalis

提款處

nokku beccugol e neldugol

外幣兌換處

kanŋe

金

kaalis

銀

esaans

石油

sembe

能源

coggu

價格

kontara

合約

taks

稅金

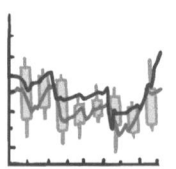

marsandiss moftaaɗo

股票

gollude

工作

gollinteeɗo

職員

gollinoowo

老闆

isin

工廠

bitik

商店

dadiiɗo
警官

ñifooɓe jeyle
消防員

defoowo
廚師

cafroowo
醫師

pilot
飛行員

toppitiiɗo sardin

園丁

minise

木匠

ñootoowo

裁縫

ñaawoowo

法官

simist e ɗemngal farayse

化學家

aktoor

演員

dognoowo biis

公車司機

dognoowo taksi

計程車司機

gawoowo

漁夫

pittoowo

清洗女工

cengirɗe huɓeere

屋頂工

carwoowo

服務生

daddoowo

獵人

pentiroowo

畫家

piyoowo mburu

麵包師

gollowo kuura

電工

mahoowo

建築工人

enseñeer

工程師

jeyoowo teew keso

屠夫

polombiyer

水管工

nawoowo ɓatakuuji

郵差

kooninke

士兵

diidoowo ɓahanteeri

建築師

kestotooɗo

收銀員

jeyoowo fuloraaji

花農

mooroowo

理髮師

dognoowo

售票員

mekanisiyenŋ

機械技師

kapiteen

船長

cafroowo ƴiiƴe

牙醫

miijotooɗo

科學家

kellifaaɗo diine to israayel

拉比

imaam

伊瑪目

muwaan e e ɗemngal
farayse

和尚

kellifaaɗo diine heerereeɓe

牧師

kuutorɗe

工具

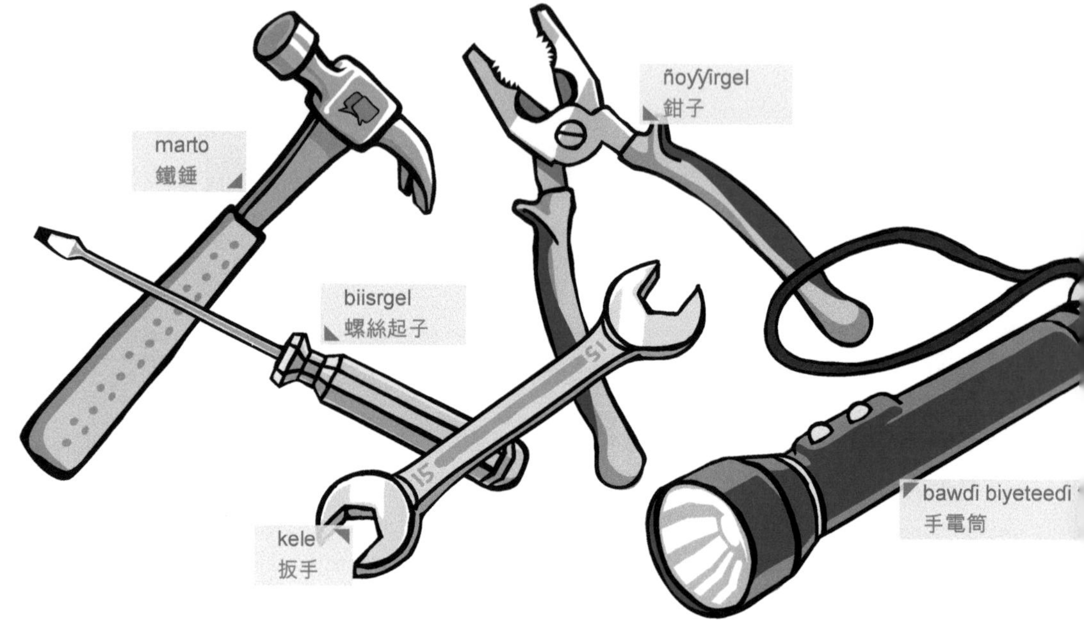
marto
鐵錘
ñoyƴirgel
鉗子
biisrgel
螺絲起子
kele
扳手
bawɗi biyeteeɗi
手電筒

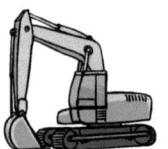

pikku
挖掘機

baxanel kaɓorɗe
工具箱

ŋabbirgal
梯子

taƴirgal
鋸子

ƴibirɗe
釘子

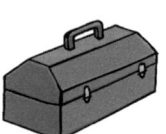

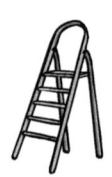

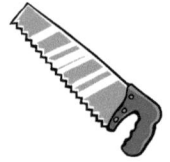

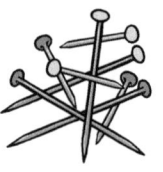

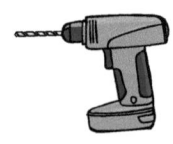

julirgal
鑽機

fewnitde
修

nokkirgel
鏟子

Soo!
糟糕！

boftirgel kurjut
畚箕

pot penttiir
油漆桶

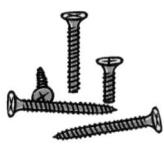

wiisuuji
螺絲

kongirgon misik
樂器

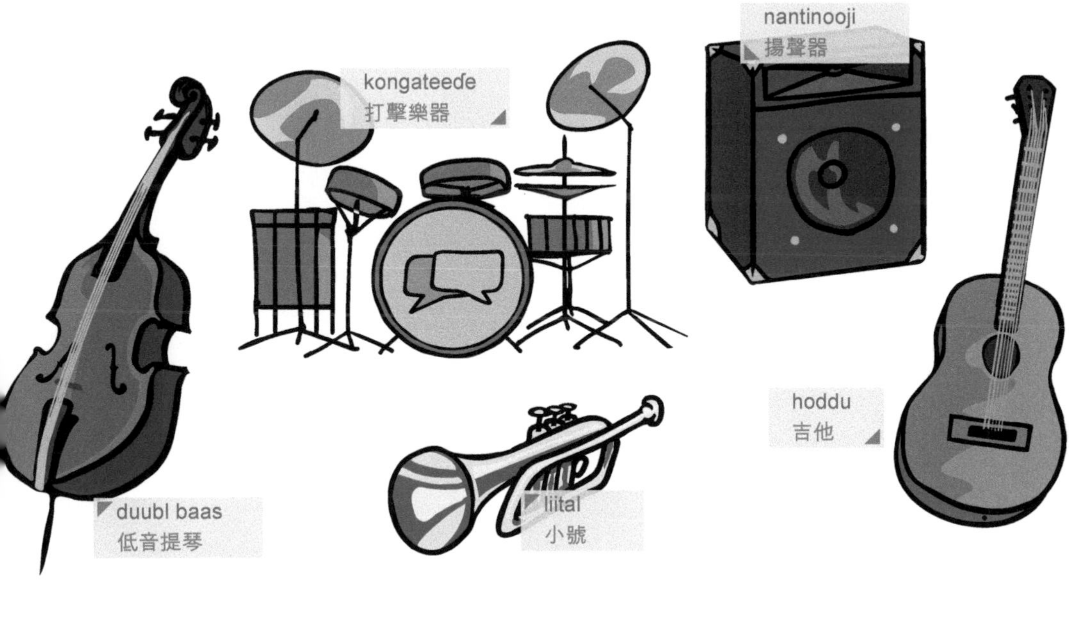

nantinooji
揚聲器

kongateeɗe
打擊樂器

hoddu
吉他

duubl baas
低音提琴

liital
小號

piayaano

鋼琴

wiyolon

小提琴

baas

貝斯

bowɗi biyeteeɗi timpani

定音鼓

bawɗi

鼓

tappirgal

電子琴

saksofoon

薩克斯風

nguurdu

長笛

mikoro

麥克風

nokku kullon
動物園

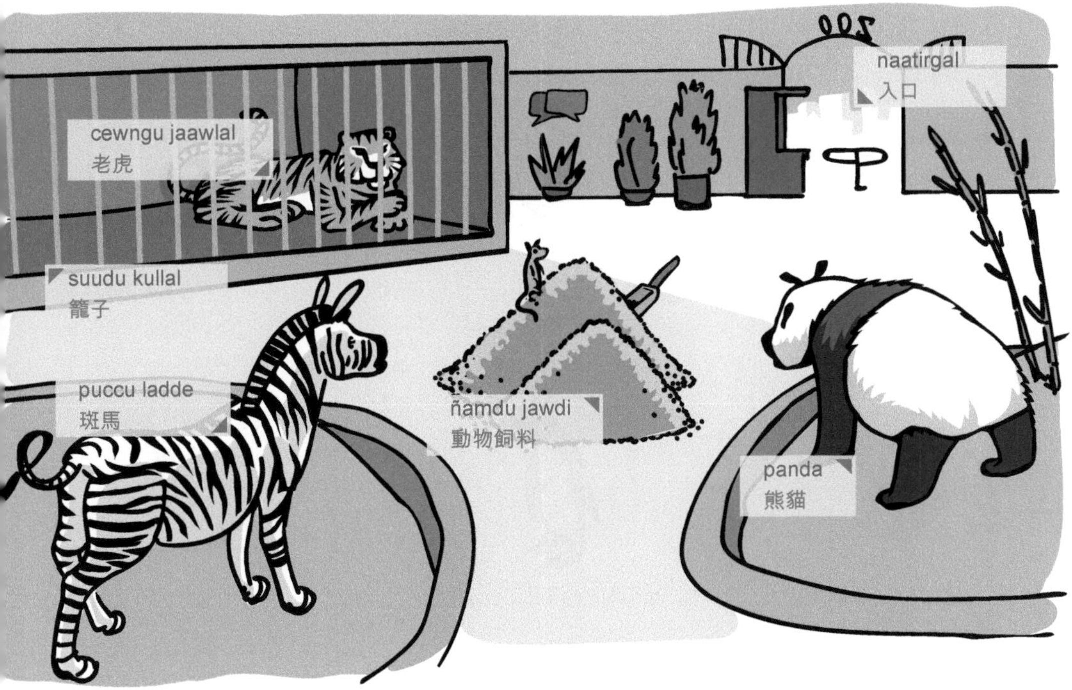

naatirgal
入口
cewngu jaawlal
老虎
suudu kullal
籠子
puccu ladde
斑馬
ñamdu jawdi
動物飼料
panda
熊貓

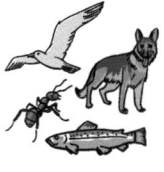

kulle

動物

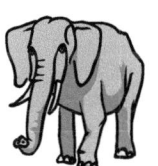

ñiiwa

大象

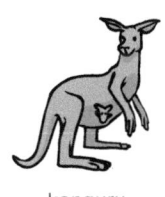

kanguru

袋鼠

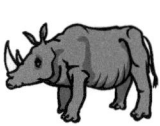

rinoseros

犀牛

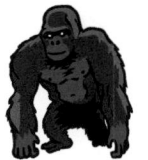

waandu mowndu

大猩猩

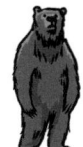

urs

熊

ngelooba

駱駝

sundu ɓurndu mownude

鴕鳥

mbaroodi

獅子

waandu

猴子

ñaaral pural

紅鶴

seku

鸚鵡

urso galaas

北極熊

liingu wiyeteendu penguwe

企鵝

lingu reke

鯊魚

ndiwri wiyeteendu pawon

孔雀

laadoori

蛇

nooro

鱷魚

deenoowo zoo

動物園管理員

togoori ndiyam wiyeteendu
fok e farayse

海豹

cewngu

美洲豹

molu

矮種馬

cewngu

豹

ngabu

河馬

njabala

長頸鹿

ciilal

老鷹

mbabba tugal

野豬

liingu

魚

heende

龜

kullal biyeteengal morse

海象

renaar

狐狸

lella

羚羊

Fuggukoyngel Amerknaaɓe
橄欖球

dognugol welo
騎腳踏車

tenis
網球

beysbol
籃球

lumbagol
游泳

boks
拳擊

fuggukoyngel e galaas
冰球

Fuggukoyngel
美式足球

badminton
羽毛球

atelettuuji
田徑

hanbol
手球

fijirɗe deggol e nees
滑雪

polo
馬球

diwde
跳

jalde
笑

buucaade
擁抱

yaade
走路

yimde
唱

hoyɗitaade
做夢

juulde
祈禱

buucaade
親吻

windude

書寫

siifde

畫

hollude

展示

duñde

推

rokkude

給

ƴettude

拿

deñde

有

waɗde

做

wonde

當

ummaade

站

dogde

跑

fooɗde

拉

weddaade

丟

yande

摔倒

fende

躺

sabbaade

等待

roondaade

攜帶

jooɗaade

坐

ɓoornaade

穿衣

ɗaanaade

睡覺

finde

醒來

ẙeewde

看

woyde

哭

helde

擊

yeesaade

梳頭

haalde

交談

faamde

明白

naamnaade

問

heɗaade

聽

yarde

喝

ñaamde

吃

hawrinde

清理

yiɗde

愛

defde

做飯

dognude

開車

diwde

飛

awyůde

航行

qimaade

計算

jangude

讀

jangude

學習

gollude

工作

resde

結婚

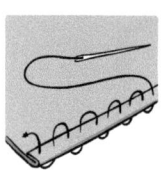

ñootde

縫

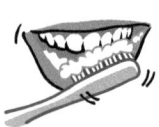

soccaade ỹiiỹe

刷牙

warde

殺

simmaade

抽菸

neldude

寄

iraaɗo debbo

taaniraaɗo gorko
祖父

baabiraaɗo
父親

yummiraaɗo
母親

tiggu
嬰兒

biɗɗo debbo
女兒

biɗɗo gorko
兒子

koɗo

客人

goggiraaɗo

阿姨

kaawiraaɗo

叔叔

mowniraaɗo gorko

兄弟

mowniraaɗo debbo

姐妹

ɓandu

身體

tiinde
前額
yiitere
眼睛
walabo
肩膀
feɗendu
手指
yeeso
臉
waare
下巴
jungo
手
koyngal
腿
endu
乳房
jungo
手臂

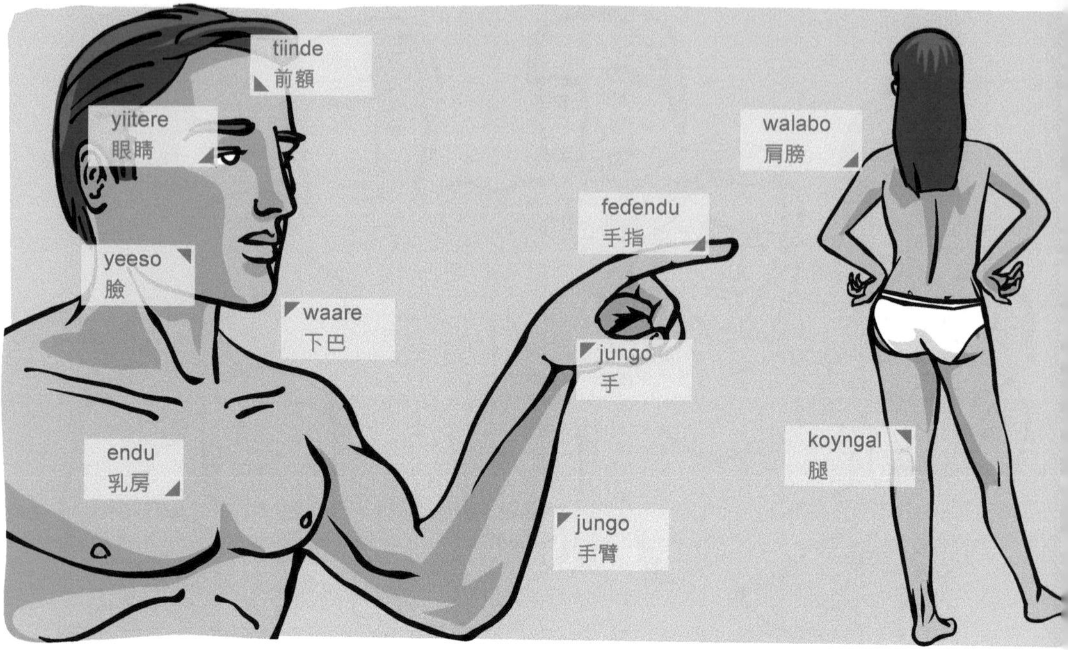

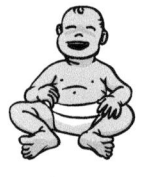

tiggu

嬰兒

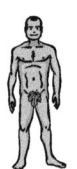

gorko

男人

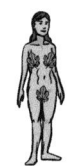

debbo

女人

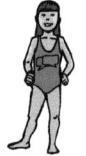

deftere kongoli

女孩

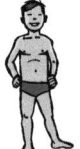

suka gorko

男孩

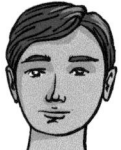

hoore

頭

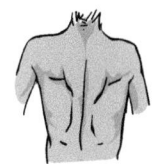

keeci

背部

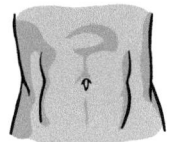

reedu

肚子

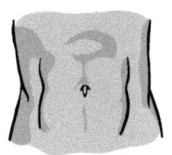

wuddu

肚臍

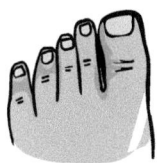

feɗendu koyngal

腳趾

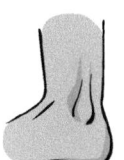

jaɓɓorgal

腳後跟

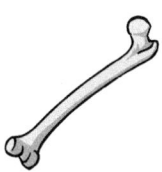

ƴiyal

骨頭

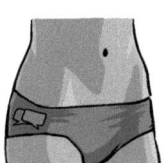

rotere

臀部

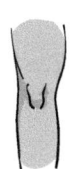

hofru

膝蓋

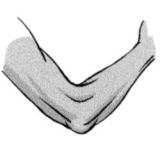

salndu junngu

手肘

hinere

鼻子

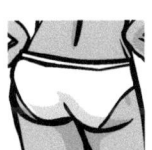

dote

屁股

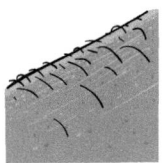

nguru

皮膚

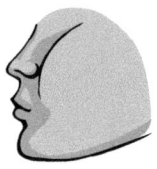

abɓulo

臉頰

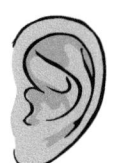

nofru

耳朵

tonndu

嘴唇

hunuko

嘴

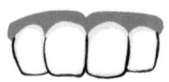

ñiire

牙齒

ɗemngal

舌頭

ngaandi

腦

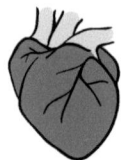

ɓernde

心臟

yĩyal

肌肉

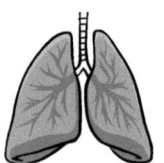

wecco

肺

heeñere

肝臟

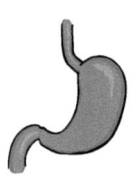

estoma

胃

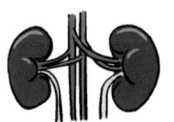

tekteki mawni

腎臟

terɗe

性交

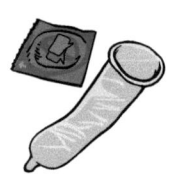

laafa ndeenka

保險套

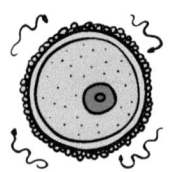

ɓoccoonde maniya

卵子

maniya

精子

reedu

懷孕

ɓandu - 身體

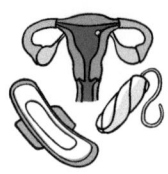

yíiy̌am ella

月事

farja

陰道

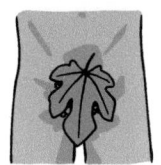

kaake

陰莖

leeɓi dow yiitere

眉毛

sukunndu

頭髮

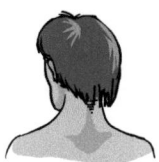

daande

脖子

suudu safirdu
醫院

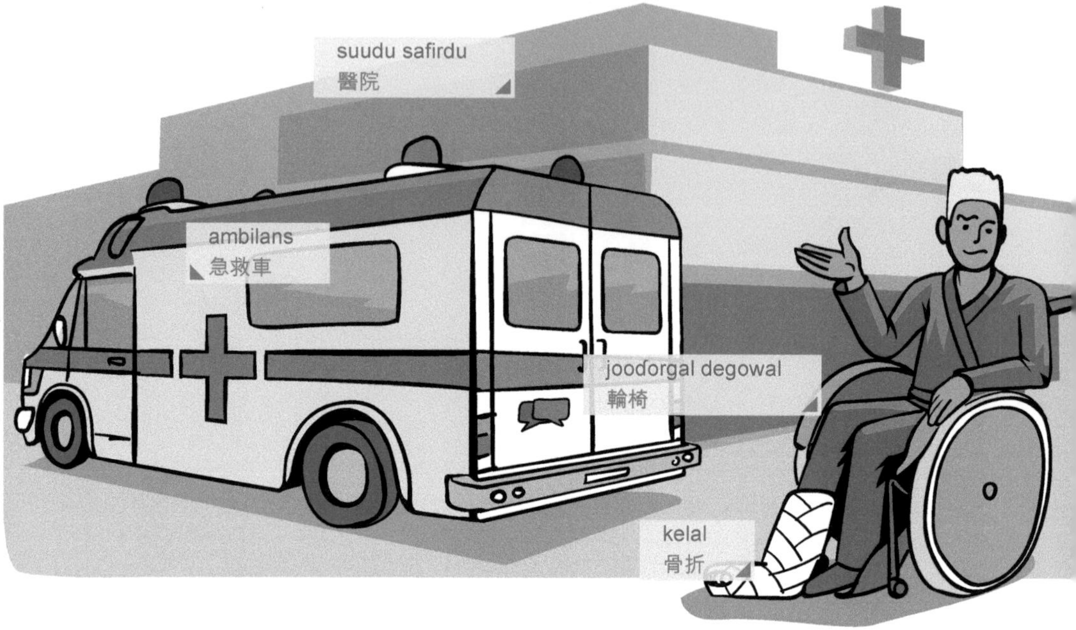

suudu safirdu
醫院
ambilans
急救車
jooɗorgal degowal
輪椅
kelal
骨折

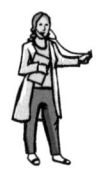

cafroowo
醫師

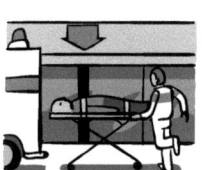

suudo irsaans
急診室

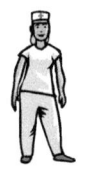

cafroowo
護理師

irsaans
緊急情形

paɗɗiiɗo
昏迷

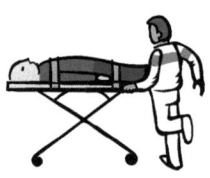

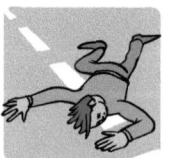

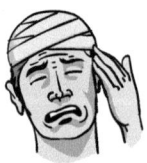

muuseeki
痛

gaañande

受傷

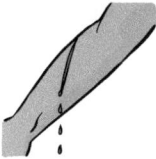

tuyƴude

出血

bernde dartiinde

心臟病發作

darogol bernde

中風

alersi

過敏

ɗojjugol

咳嗽

nguleeki ɓandu

發燒

maɓɓo

流感

reedu dogooru

腹瀉

muuseeki hoore

頭痛

kanser

癌症

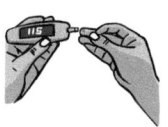

jabet

糖尿病

operasiyon

外科醫師

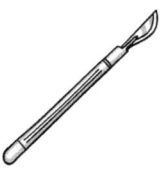

ceekirgel

手術刀

operasiyon

手術

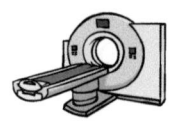

CT

電腦斷層掃描

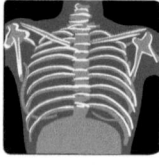

reyon-x

X光

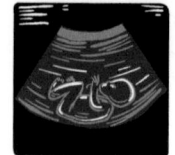

iltarason

超音波

mask yeeso

口罩

ñaw

疾病

suudu sabbordu

候診室

sawru tuggorgal

拐杖

palatar

石膏

bandaas

繃帶

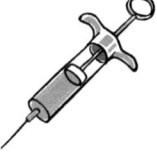

pikkitagol

注射

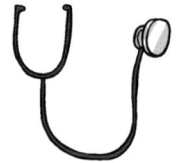

keɗirgel dille ɓandu

聽診器

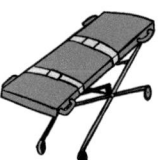

balankaaru

擔架

ɓetirgel nguleeki ɓanndu

體溫計

jibinegol

出生

ɓandu ɓurtundu

超重

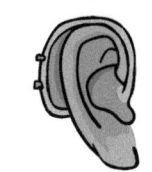

ɓallotirgel nonooje

助聽器

desefektan

消毒液

infeksiyon

感染

viris

病毒

HIV / SIDA

愛滋病

safaara

藥物

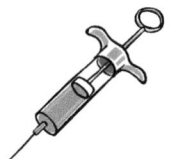

ñakko

接種疫苗

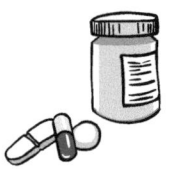

tabletuuji

藥片

foɗɗere

藥丸

noddaango heñoraango

急救電話

ɓetirgel dogdu ƴiiƴam

血壓計

sellaani / salli

生病/健康

Paabođe!

救命！

jangol

突擊

tintinirgel

警報

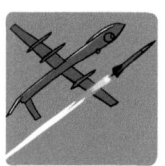

yande e

攻擊

musiiba

危險

damal dandirgal

緊急出口

Paabođe!

失火了！

ñifirgel jeynge

滅火器

aksida

意外

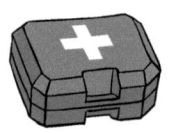

geđe cafrorđe gadane

急救箱

BALLAL

呼救訊號

Polis

員警

Erop

歐洲

Amerik to Rewo

北美洲

Amerik to Worgo

南美洲

Afiriki

非洲

Asi

亞洲

Ostarali

澳洲

Atalantik

大西洋

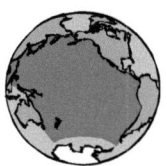

Pasifik

太平洋

Oseyan Enje

印度洋

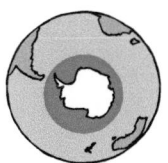

Oseyan Antarktik

南冰洋

Osean Arkatik

北冰洋

Bange Rewo

北極

Bange Worgo

南極

Antarktik

南極洲

Leydi

地球

leydi

陸地

maayo mawngo

海

wuro nder ndiyam

島

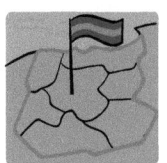

leydi

國家

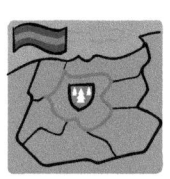

jamaanu

州

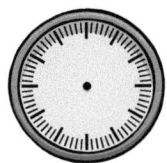

yeeso montoor

錶盤

misalel waqtu

時針

misalel hojomaaji

分針

misalel majanɗe

秒針

Hol waqtu jonɗo?

現在幾點？

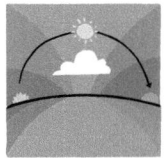

ñalawma

天

saha

時間

jooni

現在

montoor disitaal

電子錶

hojom

分

waqtu

時

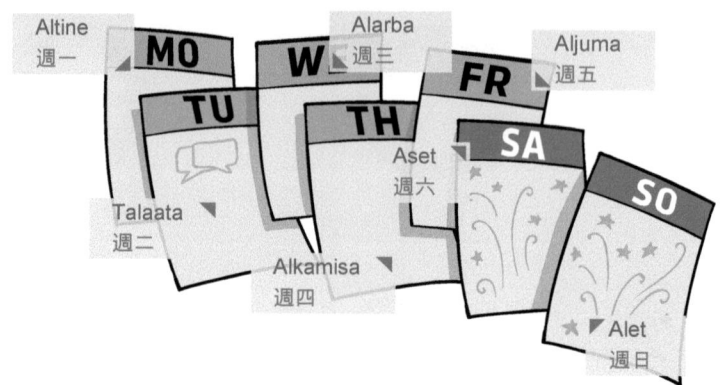

Altine 週一 — MO

Talaata 週二 — TU

Alarba 週三 — W

Alkamisa 週四 — TH

Aljuma 週五 — FR

Aset 週六 — SA

Alet 週日 — SO

hanki

昨天

hande

今天

jango

明天

subaka

早晨

beetawe

中午

kikiiđe

晚上

ñalawmaaji golle

工作日

ñalamaaji fooftere

週末

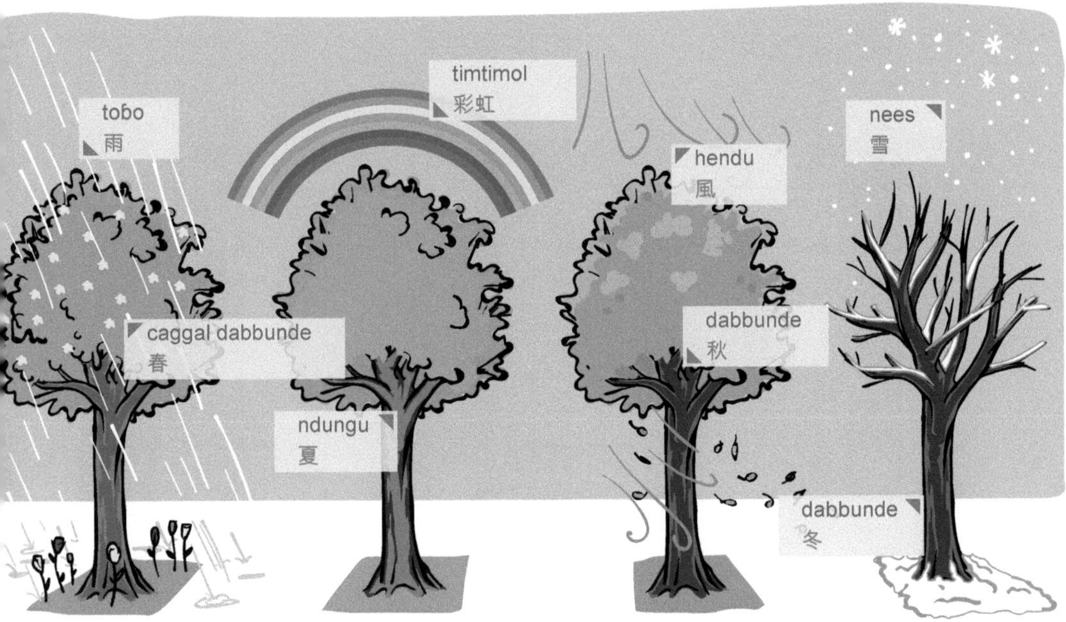

tobo
雨
timtimol
彩虹
hendu
風
nees
雪
caggal dabbunde
春
ndungu
夏
dabbunde
秋
dabbunde
冬

4.APRIL 11°
5.APRIL 4°
6.APRIL 13°
7.APRIL 8°
8.APRIL 10°

kabrugol geɗe weeyo

天氣預告

F
C
120
90
60
30
0
-30
40
30
20
10
0
-10
-20

ɓetirgal nguleeki

溫度計

nguleeki naange

陽光

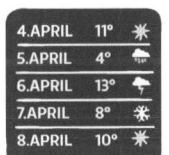

duulal

雲

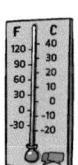

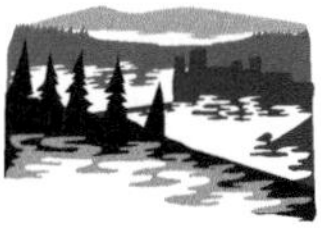

niɓɓere niwri

霧

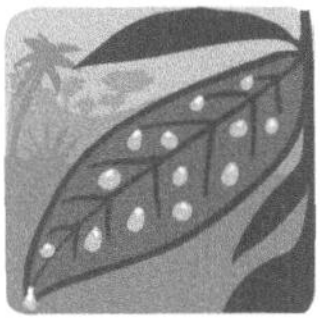

ɓuuɓol

潮濕

majaango

閃電

gidango

打雷

hendu yaduungo e gidaali

風暴

toɓo mawngo

冰雹

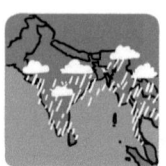

keneeli mawɗi

季風

toɓo yooloongo

洪水

galaas

冰

Janwiye

一月

Feeviriye

二月

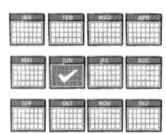

Mars

三月

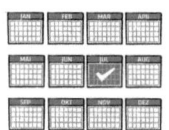

Awril

四月

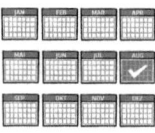

Me

五月

Suwe

六月

Suliye

七月

Ut

八月

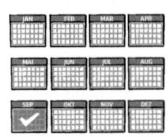

Setanbar

九月

Oktobar

十月

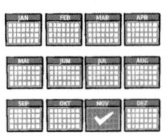

Noowambar

十一月

Desambar

十二月

taariɗum

圓形

bangeeji potɗi

正方形

rektangal

長方形

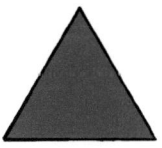

tiriyangal

三角形

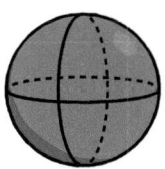

esfeer

球體

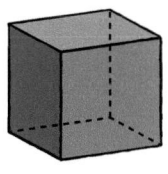

kib

立方體

deneejo

白

puro

黄

oraas

橙

roos

粉

boɗeejo

紅

yolet

紫

bulaajo

藍

werte

緑

baka

棕

giri

灰

ɓaleejo

黒

heewi / famɗi

很多/少許

mittinɗo / deeyɗo

生氣/平靜

yooɗi / soofi

美/醜

fuɗɗorde / gasirde

首/尾

mawni / famɗi

大/小

leeri / ɗiɓɓiɗi

明/暗

mawniraaɗo gorko / debbo

兄弟/姐妹

laaɓi / tulmi

乾淨/骯髒

timmi / manki

完整/缺失

ñalawma / jamma

白天/晚上

mayi / wuuri

死/生

yaaji / ɓitti

寬/窄

ñaame / ñaametaake

可食用/非食用

bonđum / moyỹi

邪惡/善良

weelti / deeyi

興奮/無聊

ɓutto / cewđo

胖/瘦

gadiiđo / cakkitiiđo

第一/最後

sehil / gaño

朋友/敵人

heewi / ɓolđi

滿/空

tiiđi / hoyi

硬/軟

teddi / hoyi

重/輕

heege / đomka

餓/渴

sellaani / salli

生病/健康

dagaaki / dagi

非法/合法

yoyi / yiyaani

聰明/愚笨

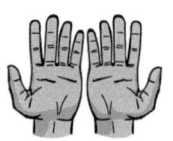

ñaamo / nano

左/右

ɓadi / wođđi

近/遠

keso / kiiɗɗo

新/舊

haydara / huunde

沒有/有些

nayeeji / suka

老/幼

ne heen / ala heen

開/關

udditi / uddi

打開/闔上

deeyi / dilla

安靜/吵鬧

galo / baasɗo

富/窮

feewi / feewaani

對/錯

tekki / ɗaati

粗糙/光滑

suni / weelti

傷心/高興

daɓbo / jutɗo

短/長

leeli / yaawi

慢/快

leppi / yoori

濕/乾

wuli / ɓuuɓi

溫暖/涼爽

hare / jam

戰爭/和平

數字

0

meere
....
零

1

goo
....
一

2

điđi
....
二

3

tati
....
三

4

nay
....
四

5

joy
....
五

6

jeegom
....
六

7

seeđiđi
....
七

8

jeetati
....
八

9

jeenay
....
九

10

sappo
....
十

11

sappo e goo
....
十一

12
sappo e ɗiɗi

十二

13
sppo e tati

十三

14
sappo e nay

十四

15
sappo e joy

十五

16
sappo e jeegom

十六

17
sappo e jeeɗiɗi

十七

18
sappo e jeetati

十八

19
sappo e jeenay

十九

20
noogas

二十

100
teemedere

百

1.000
ujunere

千

1.000.000
miliyonŋ

百萬

Angale

英語

Angale Amerik

美式英語

Mandare Siin

普通話

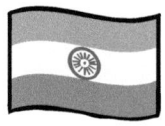

Indo

印地語

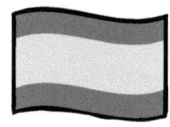

Español

西班牙語

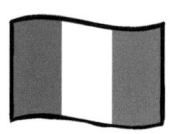

Farayse

法語

Arab

阿拉伯語

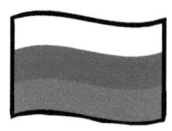

Riis

俄語

Portige

葡萄牙語

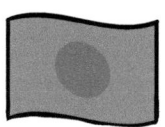

Bengali

孟加拉語

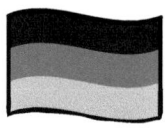

Alma

德語

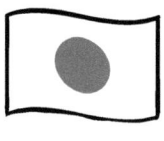

Sappone

日語

miin

我

ann

你

kanŋko / kanŋko / kaňum

他/她/它

minen

我們

onon

你們

kamɓe

他們

holi oon?

誰？

hol ɗum?

什麼？

hol no?

如何？

hol toon?

何處？

mande?

何時？

innde

名字

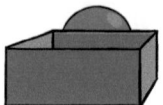

caggal

後面

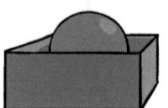

nder

裡面

yeeso

前面

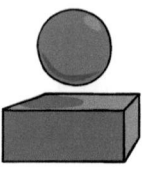

hedde

上方

dow

上面

les

下麵

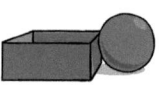

sara

旁邊

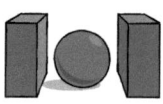

hakkunde

中間

nokku

地點